融合学校问题行为解决手册

[美]贝丝·奥纳（Beth Aune） 贝丝·伯特（Beth Burt） 彼得·热纳罗（Peter Gennaro）/著
陈娟/译

图书在版编目（CIP）数据

融合学校问题行为解决手册/（美）贝丝·奥纳（Beth Aune），（美）贝丝·伯特（Beth Burt），（美）彼得·热纳罗（Peter Gennaro）著；陈娟译. --北京：华夏出版社，2018.1（2024.5 重印）

书名原文：More Behavior Solutions In and Beyond the Inclusive Classroom: A Must-Have for Teachers and Other Educational Professionals!

ISBN 978-7-5080-9228-7

Ⅰ．①融… Ⅱ．①贝… ②贝… ③彼… ④陈… Ⅲ．①儿童教育－特殊教育－行为异常－问题解决（心理学）－手册 Ⅳ．①G76-62

中国版本图书馆 CIP 数据核字（2017）第 229025 号

Permission for this edition was arranged through Future Horizons.

©华夏出版社　未经许可，不得以任何方式使用本书全部及任何部分内容，违者必究。

北京市版权局著作权合同登记号：图字 01-2016-9544 号

融合学校问题行为解决手册

作　　者	［美］贝丝·奥纳
	［美］贝丝·伯特
	［美］彼得·热纳罗
译　　者	陈　娟
责任编辑	刘　娲
出版发行	华夏出版社有限公司
经　　销	新华书店
印　　装	三河市万龙印装有限公司
版　　次	2018 年 1 月北京第 1 版 2024 年 5 月北京第 4 次印刷
开　　本	710×1000　1/16 开
印　　张	7
字　　数	65 千字
定　　价	30.00 元

华夏出版社有限公司　地址：北京市东直门外香河园北里 4 号
邮编：100028　网址：www.hxph.com.cn
电话：（010）64663331（转）

若发现本版图书有印装质量问题，请与我社营销中心联系调换。

谨以此书献给每日面对种种挑战、不断取得成功的学生们，是你们给我们提供了创作灵感。能够把你们的经历分享出去，我们深感荣幸。

致　谢

感谢我的祖母、外祖母贝蒂·奥纳（Betty Aune）和弗吉尼娅·贝尔（Virginia Bell）。她们坚强虔诚，热爱家庭，优雅美丽，魅力与智慧兼具，鼓舞着我去追梦，坦然面对生活里充满无穷欢乐的种种可能。

——贝丝·奥纳

感谢未来地平线出版社（Future Horizons）的全体工作人员幕后的辛勤工作。本书的诞生得益于多方合作。没有无数家庭、敬业的专业人士和教育者们［尤其是望亭小学（Belvedere Elementary）的教职员工］的帮助，我不可能完成此书的创作。我对你们所有人深表感激，感谢你们与我分享了种种经历与生活点滴。你们在致力于改变孩子生命的事业上表现出的坚毅与激情令人敬仰。此外，我想对我亲爱的家人与朋友们表达由衷的感谢。无论喜怒哀乐，你们都伴我左右，让我依靠。最后，很重要的是，感谢上帝时常提醒我他为我们的孩子做了安排（耶 29:11），而我们是那安排的一部分，这是祂赠予我们的殊荣。

我要把本书献给威廉、大卫、多米尼克和梅利娜，你们是新一代学生！

——贝丝·伯特

我想在此感谢在我儿时帮助我完成学业的人们，他们是我的父母与姐姐。他们极具远见，意识到了只有获得适合的教育，我才能习得相应技能，为自己选择未来。此外，我还想感谢被访的老师们和学校行政人员。他们不但给我们做了课程展示，还让我们在短暂的访问期内看到了我们能够带来积极影响的潜力。

——彼得·热纳罗

前　言

　　我们的第一本书《融合教室行为问题解决手册》集中涉及了课堂上常见的具有挑战性的问题行为。这类行为对于教育者们来说耳熟能详，同时也是教育者、服务人员和家长们亲身经历过的。它们不是仅仅存在于那些已被鉴别出有残障的学生身上，而是所有那些可被识别为妨碍学习过程的行为。很多老师已对本书的言简意赅表示出了认可并给我们提供了使用反馈，表示书中推荐的策略很有效。本书出版之后，我们遇到了一些学生、老师和家庭，他们帮助我们认识到还有一些在课下存在的行为问题，于是我们又写了这本书，来应对这些情况。同时，我们很高兴能够有机会丰富与扩充之前作品的内容，并希望读者继续受益。我们依旧希望本书的内容与形式能够清晰明了，使读者从中受益。我们成书的目标是给大家提供学时短、易学且零成本或低成本的实用策略。

　　学生表面的问题行为不一定就与一种已知残障直接相关。在你的职业生涯中你会遇到不同种类、不同级别的残障。你的学生中会有人被贴上标签，如孤独症谱系障碍、阿斯伯格综合征、妥瑞氏症、学习障碍、言语障碍等。无论问题行为是否涉及残障，我们在本书里呈现的观点都与你们遇到的问题行为直接相关。

一如我们第一本书的结构，本书分为以下几个部分：班级教室内的种种，教室外的种种，体育课和活动时间，去不同教室上课的途中，午餐和加餐时间，沟通策略以及如何应对问题行为。这个形式好似典型学校生活的一日缩影。尽管我们无法保证你遇到的所有问题行为都可以被清晰地对应到书中的不同部分，但是，我们希望通过相应的内容编排与章节命名可以帮助你们快速地找到相关内容与解决策略。

目 录

第一部分　教室内的种种 ·· 1
　　未经老师许可擅自离开教室 ···································· 2
　　集体教学时学生注意力不集中 ································ 4
　　离开座位 ·· 6
　　坐着的时候 ·· 8
　　很难完成个人功课 ·· 10
　　情绪失控 ·· 12
　　整理东西困难 ·· 14
　　教室里的庆祝活动 ·· 16

第二部分　教室外的种种 ·· 19
　　坐校车 ·· 20

下车（校车、私家车） …………………………… 22

抽离服务 …………………………………………… 24

放学 ………………………………………………… 26

美术课 ……………………………………………… 28

音乐课 ……………………………………………… 31

计算机室 …………………………………………… 34

图书馆 ……………………………………………… 36

第三部分　体育课和活动时间 …………………… 39

体育课 ……………………………………………… 40

不安全、不适当地使用运动器材 ………………… 43

在操场或体育课上的"攻击"行为 ………………… 46

团体活动 …………………………………………… 48

轮流等待 …………………………………………… 51

缺乏运动精神，输不起 …………………………… 54

第四部分　转移时间 ………………………………… 57

排队 ………………………………………………… 58

掉队离群 …………………………………………… 60

按时到达下节课 …………………………………… 62

如厕问题 ·· 64

第五部分　午餐和加餐时间 ···························· 67
　　吃相邋遢 ·· 68
　　逃避多人用餐 ·· 70
　　食堂用餐 ·· 72

第六部分　沟通策略 ·· 75
　　与个案主管的沟通策略 ·· 77
　　与学校行政人员的沟通策略 ···································· 79
　　与普教教师的沟通策略 ·· 81
　　与特定教学服务人员的沟通策略 ···························· 84

附录 A　视觉支持 ··· 87
附录 B　室内外运动休整法 ··· 91
附录 C　口腔感统策略 ··· 93
附录 D　家校沟通记录样本 ··· 95
相关资源 ·· 97
作者简介 ·· 99

第一部分

教室内的种种

  当今的教师不再只是教授课程或对学生发号施令。他们必须在课上、课下对学生行为进行成功规范方面下功夫。在开卷的章节里我们涉及了一些学生会在课堂里呈现出的问题行为，这些行为给教师的日常工作带来挑战。待此类问题行为得到处理或减少到最低时，课堂里所有学生的学习潜能就能得到最大激发。通过识别并运用应对问题行为的种种策略，教师可以营造一个宜教宜学的最佳学习环境。

未经老师许可擅自离开教室

未经老师许可擅自离开教室不但会扰乱班上学生学习而且还会有安全隐患。学生会在你转过身后偷偷溜走或突然逃离出门。此类行为的成因可能是：

- 没有请示老师、寻求外出许可的意识或意识薄弱

- 应对焦虑或感统问题做出的逃离应激反应

- 逃避课堂任务或某种情况

如果你在几分钟后仍找不到该学生，第一要务就是立即告知学校的行政人员。最终找到学生的成人需要审视一下事件的性质，以决定该学生是否可以返回教室。

第一部分 教室内的种种 | 3

对　策

- 学生回到教室后，让其参与课堂活动中，但不要以拥抱或训话的方式欢迎他（或她）的归来。

- 稍后，和学生聊一聊，再做出一个避免类似状况再发生的干预计划。看看学生是否理解，可以说："强尼，你能再说一遍今天为什么离开教室吗？"对学生声明并强调不允许在未得到老师许可之前擅自离开教室。给学生提供一个实际有效的方案，如告诉他（或她）："下次你需要离开教室的时候，请举手等待老师同意。"

- 制作一些可视化教具（参看附录A）来帮助学生记住学校期待与认可的行为。

- 在教室里设置一个"安全"角。学生不高兴时可以去那里平复一下负面情绪。

- 为了帮助学生回到课堂后恢复学习状态，老师可以让学生在事先已选定好的某个安静区域休息片刻或是让该学生在外面慢走一会儿。

集体教学时学生注意力不集中

由于在小组教学里可以从老师那里获得更多的直接指令，有些学生在小组教学里学得更专心。然而，多数教师需要做整体教学，特别是随着学生年纪增长，更是如此。很多学生存在语言处理缺陷；有些学生会很快失去学习兴趣，尤其是当老师给他们的直接关注变得相对少时。如果他们开始心不在焉，然后走神，其他学生也有可能被拖下水，开始不做事，这样他们自己和其他人的学习进度就都被拖了下来。

对 策

- 上课时，先问学生一个问题，让他对课上会做的集体讨论的主要思想感兴趣。通过这种个体联系的建立，学生对课堂集体讨论的兴趣会增多、参与度也会更高。

- 时不时地走过去看一下这个学生，让他保持兴趣度；若知道他对某些知识已有所了解，不妨问他一些相关的问题。

- 给这个学生布置一个专属任务，让他保持参与度。和这个学生一起制订一个计划，规定他每节课都要提一个与上课内容相关的问题。

- 给学生安排一个首选位置，让他坐在其他注意听讲的学生前面或附近。

离开座位

如今,教育者普遍需要花更长的时间教主要科目,以帮助学生达到州立标准。这就要求学生们长时间坐在课桌前听课,而他们很可能会走神。很多学生会觉得持续坐在那里很难;他们想动一动,满足一下自己的感觉需求,从而帮助自己保持警觉的学习状态。这样的学生可能会离开座位、走一走,编个理由想要起身(如削铅笔、接水喝、拿纸巾等)或站在桌旁。

对　策

- 设定好休息时间（具体请参看附录 B），让全班的孩子可以在教室里活动一下，比如伸展和转体。

- 允许有活动需求的学生帮着发东西，擦黑板或协助老师使用多媒体。

- 让学生站在教室后面或边上，或是他的书桌旁。

- 对于不动一动就百无聊赖的学生，允许他去教室外活动一下（参看附录 B）。

- 善用口腔策略。嘴巴若一直在忙，身体通常会放松些，学生因此会坐得住（参看附录 C）。

- 提供一些可以在手上把玩从而减缓坐立不安情绪的减压玩具，如：橡胶手球（Koosh® balls）、回形针和自由塑形的塑料小玩具（Tangles）。

坐着的时候

有些学生由于自身的感统需求会相应地多动些。他们可能会哼唱、敲打铅笔、不停地改变坐姿或看似走神。老师需要识别此类学生的行为是否会干扰其他学生学习。有时,其实是老师没能聚精会神。值得我们注意的是,学生有时会自发性地使用一些感统方法帮助自己听讲。

对　策

- 让学生坐在教室里不易干扰老师或同学的区域。

- 给学生提供一些不易被看到的减压玩具，如那些可以放在口袋里或不会发出噪声的。

- 让学生含一颗硬糖在嘴里以帮助其减少发出噪声。

- 多提问学生，确保他在认真听讲。有些学生可能看似分了神，但是他们却可能在听讲。

- 如果学生有需求，允许他在课桌边站会儿。

很难完成个人功课

　　有些学生的运动技能不是很强,组织能力不足,安排任务存在困难。此外,语言处理和书写对于他们来说可能也会比较困难,而外界刺激却很容易对他们造成干扰。学生没有准备学习材料,开始一项任务比较慢,显示出分心或杂乱无章、受挫或对抗的状况。

对　策

- 指定一个固定区域放学习资料，在书桌侧面或地上安置一个盒子，这样学习资料不易丢且很容易被找到。例如，用魔术贴把铅笔固定在书桌上对一些学生就很有用。

- 确保学生明白做某项功课的目的是什么，并保证他从开始做时就是对的。别等到他都做到一半的时候才给他提供指导。

- 将任务量较重的功课调整到学生的相应水平。

- 对于努力专心做功课的表现要奖励（例如，口头表扬、代币奖励）。

- 笔试时，允许学生使用耳机或耳塞。

情绪失控

首先，让我们来看一下情绪失控是指什么。在本章节里，情绪失控与暴怒行为是两个等同的概念。它们都与失控了的挫败感有关，或者出现得突然，让人莫名其妙。此类外显行为有哭闹、踢脚、喊叫、打人、扔东西、咬人、用头撞墙或地面、倒在地上、骂人等。此类行为持续的时间短则几分钟，长至一个多小时。

我们不会假装告诉你们一个奇招来指导你们应对此类情绪失控的危急时刻。因此，面临此类情况，最迫切的是成人们需要观察分析学生情绪失控行为的诱因为何。

对 策

- 首先,确保在场的人的安全(这其中包括老师、学生本人以及其他人)。

- 去除环境中的危险。

- 向其他成人寻求协助。

- 声音和行为举止保持冷静,尽量少言。

- 待学生开始冷静下来,你可以指导其做一些有节奏的、有始有终的活动,例如,来回晃动一下身体、喝水、数数、拼读、深呼吸或唱歌。

你可能需要现场的心理学家或行为专家给你提供额外且持续的支持来面对此类问题行为。

整理东西困难

很多学生的运动计划和排序能力不是很强。通常,他们视觉系统不是很灵敏,无法很好地管理扑面而来的感觉信息。这类学生在计划如何整理东西时会非常困难,而他们的手部小肌肉运动技能常常会退步。他们的书包塞满了各类无关的纸质材料,书桌抽屉凌乱,文具非坏即失,功课没有放进文件整理夹里。

对 策

- 用弯曲的文件夹（如风琴包）代替三环活页夹，避免使用后者整理纸张时的多步骤操作，而使整理纸张变得简单得多。此外，学生可以一眼看到文件夹里的所有东西。

- 放学前整理书包时，提示学生把纸张类材料整理好，把旧的资料扔掉。

- 提醒该学生做一下盘点，每天按时清理文具盒。

- 邀请某个同龄孩子帮助学生每周清理书桌。当学生独立做事能力提高的时候，减少外界协助。

- 避免学生需要弯腰、在暗暗的桌肚里瞪眼找东西，为其提供可以安置在书桌侧面的盒子，这样盒里的东西一目了然。

教室里的庆祝活动

那些例如生日聚会、假日聚会的特殊活动会很有趣,但也会令一些学生感到强烈混乱而无从应对。常规变了,不认识的人会出现在教室里,各类不同的食物和气味会令他们感到困惑,各种社交期待也会与日常不同。

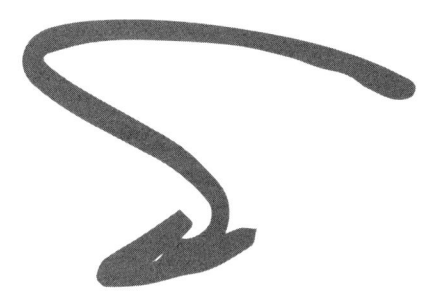

对　策

- 提前通知家长和学生，让他们有所预期。

- 使用社交故事。

- 让学生参与到聚会准备中来，这样他可以得到关于聚会的具体信息，可以有更多的时间来做准备。

- 如果学生有特殊饮食需求（如无麸质无酪蛋白饮食疗法），那么准备一些相应的零食，以防让他感到被遗落。

- 鼓励学生参与到聚会中，但不强迫他。预估并理解他需要从此类社交环境刺激里抽离、休息一下。

- 若学生受到过度刺激，实施备用计划。他可以去其他教室或校园里某个规划好的"安全区"。

第二部分

教室外的种种

本书描述的很多学生对于事物或事件的可预见性会有需要，面对时间概念时可能有困难。当有改变发生时，他们会感觉失控，不确定接下来会发生些什么。这种情况容易引起困惑或纪律问题。让我们想想一个学生一天里需要经历多少转变：早上醒来、准备上学、出门上学、到达学校，等等。每个转变里有可能还有更多的突发改变——例如，这个孩子最喜欢的麦片吃完了，或是他最爱的 T 恤衫还在洗衣机里；上学路上，校车司机或上学路线可能换了；那些如音乐、美术一类的让我们觉得有趣好玩的课甚至也有可能出现种种突发状况和挑战。面对这类情况，以往通用的口头提醒可能不足以帮助这些学生对转变有所准备。本部分就这类常见问题行为提供一些有用的建议。

坐校车

很多学生喜欢坐校车,但有些学生却觉得那是一个挑战。这类学生会离开座位,看起来激动不安,情绪或行为失控,会捂住耳朵或变得很焦虑。

对　策

- 让学生专注于他们熟悉的事情上，如给他们提供一个随身听或视频播放器、一本书或一个玩具。

- 让学生和另一个孩子做有始有终的活动或玩类似性质的游戏（如熟悉的汽车游戏：数数看见的汽车种类或颜色，找找外地汽车的车牌，等等）。老师也可以准备一些问题来问这些学生刚刚做了些什么。

- 让学生靠近司机坐。

下车(校车、私家车)

下车对于一些学生来说可能会很困难,因为他们对接下来要面临的情境有所畏惧。对于此类转变有困难的学生可能会拒绝下校车、走出自家的小汽车或是下车后大哭大闹,非常不合作。通常,当接下来发生的事情是他们喜欢的,学生们会更愿意参与到转变中来。因此,从一开始就帮助他们感受到下车是很好的事很重要。

对　策

- 找到学生最喜欢的人（同学、老师等），让学生在到校时见到他；若有可能，见面时带上一个实物作为奖励。

- 让学生喜欢且熟悉的人到车上，帮助其应对下车带来的转变。

- 家长和老师合作，让学生给其班里递送一样东西。这可以作为一个很好的转变目标。

- 对于年纪稍小的学生，允许他们在前一天从教室里借走一个玩具。第二天，他们会兴奋地要把玩具带回教室继续玩。

抽离服务

很多普通班级里的特殊学生会在一天里的某个时间段离开教室、接受其他学校里专业老师的支持性服务。这类专业老师包括特殊教育老师（提供直接支持或仅提供课堂外的支持）、言语治疗师、作业治疗师、有针对性的体能教育专家、物理治疗师或行为专家。有些时候，尽管此类学生所在的普通班级的班主任可能已接触过一些可以帮助到他们的策略，但由于其他提供支持的专业老师没有这样的机会因而无法理解此类学生的问题行为。有些学生在从教室到抽离服务地点的转换中有困难，有可能在专业老师面前表现其他问题行为，如参与减少，动来动去，焦虑不安。

对　策

- 通过言语帮助学生对转换做好准备。

- 做一个可视化日程表（请参看附录 A）提醒学生当日的活动内容。

- 给学生提供不同服务的专业人士相互分享行之有效的策略。

- 若学生使用某种积极行为支持，例如代币奖励。学生应把此奖励方案随身带出教室，在接下来的学习地点继续使用。

放 学

与正常发展的同龄学生相比,许多有特殊教育需要的学生的课表意识不是很强。他们不是总能感知到外界环境里的种种信号以帮助自己准备放学。他们对于教室里已有的提示没有什么反应。这类提示包括老师给出准备放学的指令,教室里钟表显示的时间,同学们等待老师发出放学指令等。到了该离开教室的时候,他们常常毫无准备,杂乱无章,有时还会焦虑。

对　策

- 让学生注意钟表并提醒他快到放学的时间了。

- 通过增加提醒次数帮助学生做好放学的准备。

- 给学生多一些时间收拾东西。

- 给学生一个核对表以确保他把家庭作业、家长沟通本和其他东西装进书包；和学生一起检验核对表。

- 选一名同班同学协助这个学生。

- 在学年初，请一位家长或专业服务人员（如作业治疗师）到班里教这个学生如何应对这个转换过程，然后逐渐停止该外部支持。

美术课

有特殊教育需要的学生在接触艺术的时候会遇到很多关于感统方面的问题。一些学生可能有触觉防御（tactile-defensive），有些学生会做出过度寻找感官刺激的行为，用手和嘴来探索材料。很多学生的手部精细动作能力很弱，在上艺术课的时候会遇到困难。此外，他们有可能没办法为某个设计项目想出点子。在需要用例如手指画专用颜料、胶水或纸糊等材料的时候会发脾气。他们可能会停在那儿一动不动或要逃避，也有可能把各种材料弄得乱七八糟或是使用不当的艺术表达手段（比如，在自己的手、胳膊或脸上画东西）。

对　策

- 允许有触觉防御的孩子戴外科手套以帮助他保持手部的清洁。

- 让学生使用颜料刷涂胶水。

- 开展更具技术性、实体性的艺术活动探索，如电脑动画或摄影。

- 帮助学生整理他的工作区域。

- 减少材料分发量，仅提供必要的材料，以帮助学生自我管理。

- 演示并解释正确使用美术用品的方法。不要期望学生仅仅通过观察就可以明白一切。

- 要记住，一些学生在项目没完成前很难在下课时放下手上的项目。尝试给出几个口头提醒或是一个直接指令，如"再涂一朵花"。提醒他们第二天的美术课会在什么时候。
- 准备一些备选作业，以备预先准备的作业对学生来说太难或是很快就被完成。

音乐课

  对于很多学生来说,音乐课给他们提供了唱歌和学习乐器的好机会,但是可能会令其他学生感到压力和焦虑,从而有可能引发他们情绪失控或做出不受欢迎的行为。触发此类行为的可能是某件乐器的声音、某些音符、同时间听到多件乐器或声音,或是在毫无预测的情况下,其他学生突然使用一件音量非常大的乐器。从另一方面来说,有传闻证明音乐和唱歌有助于语言发展和自我表达。我们需要注意的是,在音乐课上鼓励学生参与的同时,要考虑到那些有特殊教育需要的学生会遇到的一些挑战。

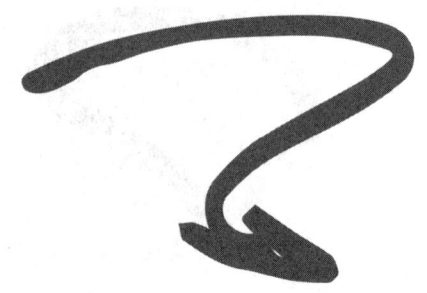

对　策

- 给学生提供一个可视化日程表（请参看附录 A），让他在每天课前回顾一下，为一天做准备。

- 回顾一下音乐课的时间，以进一步减少学生的焦虑或困惑。

- 给出口头指令及提供口头指导时，用语尽量直接、清晰、具体，态度冷静。

- 课堂规则要清晰；和学生一起回顾课堂规则和内容。例如，他们有没有在指定的区域等待老师的指令？又如，他们需不需一进音乐教室就开始做热身活动？

- 找到可以奖励提高学生参与度的方法。

- 若有学生在上课期间看起来很沮丧、困惑或受到过度刺激，允许他走动或休息一下。

计算机室

大多数学生喜欢偶尔离开本班教室，去其他地方换换气，而大多数班级每周会在学校的计算机室里待上一段时间。然而，在这样的课程设置下，由于常规发生改变，一天的结构化变弱，而老师对于学生独立做事的期望增多，再加上师生比变大，有特殊教育需要的学生容易在行为方面遇到挑战。他们可能没办法开始并专注于某项任务，坐不住，不会求助或不会使用耳机。

对　策

- 帮学生准备应对常规里会出现的变化。

- 在去上计算机课之前提醒学生计算机课的纪律和作业要求。老师在课上也可以回顾这些要求。

- 与计算机老师或技术人员分享例如可视化协助、正强化或奖励一类的策略，并请他们一同使用这些策略。

- 帮助学生选定某台计算机和某个座位，便于他每次上电脑课时使用。这样，结构化和可预测感可以得到增强。

- 灵活教学。允许学生使用对他来说更有意思的电脑程序或活动以促进课堂参与度，或是把此类电脑程序或活动作为奖励，奖励学生参与他不太喜欢的课堂活动中。

- 增加对学生的监督密度与频度，以确保其课堂参与度与理解情况。

图书馆

学生们在图书馆里需要遵守的规则和在其他课上很不一样。学生们需要保持安静,一动不动地坐在地毯上听老师读故事。通常,学生只能借与其阅读能力相符或按某个特定主体或科目划分的图书。有特殊教育需要的学生在图书馆里有可能会出现如下的一些问题行为:发脾气、大声喧哗、在地毯上扭来扭去、触碰别人或不能自己选书等。

对　策

- 教学生如何轻声说话。仅仅给出"安静"的指令无法给学生提供足够具体的信息。和他一起练习轻声说话并给予肯定和表扬。

- 让学生坐在椅子上，帮助他确定自己在地面上的位置，从而减少碰撞到其他人的概率。

- 如有需要，给学生多些时间，让其完成借书并躲过被其他同学推挤的混乱。

- 帮助学生领悟老师给出的没有说出口的"安静"信号。

- 离开教室去往图书馆前，给学生讲一个如何上图书馆课的社交故事。

第三部分

体育课和活动时间

　　这一部分主要讲体育课和活动时间。体育课的内容结构化强，有成人带领；相对而言，课间休息则很自由，没有什么组织性。在这两种情境下，与遵循课堂纪律相比，学生们会因为参与更大规模的群体活动而面临种种情况。他们会遇到的各种挑战包括认真听并执行老师或执勤人员的指令，理解社交上的种种规则，应对感统意识和运动协调能力弱。接下来会有一些涉及此类挑战的具体例子，以及一些实用的建议。

体育课

运动技能是学生上体育课时必要的技能,而一些有特殊教育需要的学生在这点上会遇到困难。有些有特殊教育需要的学生可能组织能力弱,时间管理能力不强,或在要把校服换成上体育课要求的运动服时存在困难;有些缺乏团队体育活动必要的社交技巧或自信,他们可能不明白或无法遵守运动游戏规则;有些在群体运动中不灵活,太过死板,没办法参与到竞技性质的活动中去;有些则有可能会胡闹或退缩。正如计算机室或是图书馆,体育课的结构和上课规则多会有别于其他课。无论体育老师的教学经验、技巧丰富与否,他们通常都要上大班课,学生人数较其他课要多得多,但是他们一般没有或仅有很少的课堂辅助。对于那些无法适应大班课和规则不断改变的环境的学生来说,体育课是最难熬的学校时光之一。

对　策

- 如果上体育课时要换衣服，让有特殊教育需要的学生提前 5 分钟换。

- 调整课堂规则，从易从简。

- 针对不适应大空间的学生，把体育馆的大空间隔断调整为若干小空间。

- 帮助有特殊教育需要的学生理解一些名词，如"扔""接""踢"等。

- 帮助学生识别每一项体育运动的目标——很可能就是和大家一起跑步。

- 分组的时候，务必考虑到有特殊教育需要的学生，并把他和一个模范生分在一起。

- 通过视频、图片或社交故事讲解团队合作的概念。
- 避免竞技活动。使用健身器械教一些体能、健身活动，如使用跑步机、踏步机和哑铃。

不安全、不适当地使用运动器材

很多有特殊教育需要的学生会寻求感觉上的刺激。他们会渴望并需要过量的运动及通过碰撞、跳动和撞击得到快感。他们在操场或体育课上可能会使用器材不当，给自己带来危险。比如，他们会从攀登架的高台上跳下来，荡秋千荡得很高然后跳到地面，不走后方的台阶而从正前方爬上滑梯或趴在滑梯上滑下去，亦或在单杠上倒挂着。此类学生不仅给自己还会给其他孩子带来危险。

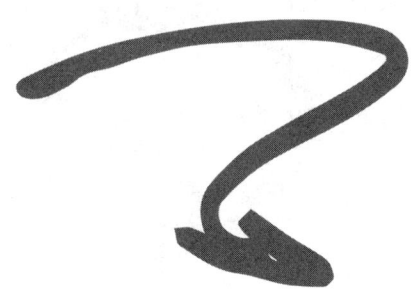

对 策

- 把学生单独带到操场,和他练习如何安全地使用相关器材。起初,他可能会需要你给他做几次示范,然后他要不间断地复习安全规则。

- 每次课间休息前,让他读一下已与某个成人事先写好的安全规则。写出规则并听到他自己说会比仅仅被动地听老师讲更有意义。

- 请一位能在安全使用器材方面起模范带头作用的学生与该学生做伴儿。

- 课间休息结束后和学生一起回顾一下他的表现,及时给予他反馈。通过积极的正强化适当行为促使行为的反复发生(如代币奖励机制、口头表扬或给出一个有意义的特权)。

- 务必告知操场执勤人员学生可能会制造一些安全问题,这样操场执勤人员就可以更多地监督他。
- 安排更多的成年监督人员(如特教助理或教师助理)。

在操场或体育课上的"攻击"行为

尽管有些孩子是故意攻击人的,但很多被视为"会攻击人的"孩子其实在控制动作方面存在困难,常常并没有意识到自己的动作会产生的影响。他们扔球和踢球都太用力,缺乏空间位置意识,动作看起来很不协调。有些学生在调节身体对操场活动的反应时存在困难。他们一开始也许可以平静地玩,但是接下来会变得过度兴奋而开始玩得很粗鲁,或似乎没办法进行自我控制。有些孩子若在操场上或排队的时候被意外碰到了会实行防御(此为"触觉防御"),展现出"打架应激反应",打其他同学。

对　策

- 注意那些显示学生受到过度刺激的信号,如很大的声音、急速或无目标、无方向的移动。建议学生冷静一会儿,以避免行为问题升级。

- 排队时,把有触觉防御的学生安排在队伍的最后,这样他被碰撞的概率要少很多。

- 当其他学生解散之后,允许学生整理器材,以避免意外或令其不舒服的触碰。

- 游戏或活动的时候,让学生站在或坐在小组的边缘位置上。

- 学生也许需要作业治疗师的帮助。作业治疗师可以教他对自己所处的空间位置及其动作背后的影响有更强的意识。

团体活动

　　社交能力的培养有一部分是在非学习环境里完成的。我们在这里具体谈的是操场或运动场。对于年纪小的学生来说,课间休息常常令他们感到困难和受挫。问题行为通常发生在学生要离开给他们提供相对安全感的教室而进入"外界"之前。他们对外界的预期让他们感受到压力。当他们尝试着参与同学的活动中时,常常把自己弄得很尴尬,成功的概率也不是很大。这时,他们会采取自我隔离的应对方法,因为这对他们来说更容易预测、更自然。有些隔离是具有修复性质的,可以让学生进行自我调节,因而应得到许可或支持。

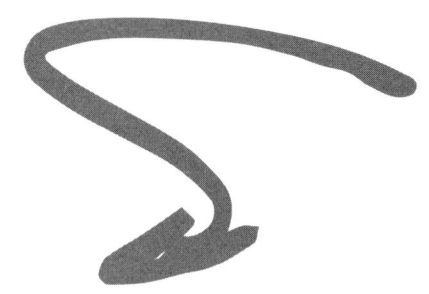

对 策

- 使用社交故事帮助学生预想接下来要发生的事,以便做好准备。如果学生知道偶尔会被拒绝,那么他可能不会很快地放弃努力参与团体。给学生讲社交故事并与其进行讨论,能够帮助他学习辨识哪些学生群体他可以尝试去加入,以及哪些群体他应该避开。

- 提供一些关于应对欺凌的指导。教授一些策略避免遇到消极不良情况,同时学会寻找适合的同龄人进行社交。

- 午休或课间休息的时候,允许学生和老师一起做一些非学习的事,如小游戏或手工。这样的环境更有组织性,危险胁迫性更少。分享共同爱好可以为培养社会联系创造好机会,而这些社会联系可以泛化到室外活动中。

- 不强迫也不期许学生百分之百的参与。

- 与学生家庭和团队其他成员一起来认定适当的期许,将参与社会融合和进行自我修复的私人时间平衡组合起来。

轮流等待

对一个学生来说,维持友谊的一个最重要的特征就是能够轮流做事情。无论是玩棋类游戏还是做户外运动,这种合作性的举动对于有特殊教育需要的学生来说常常是一个很难驾驭的概念。而他们上学的时候往往不具备相关的经验,尤其是当他们没有兄弟姐妹或没有任何机会去练习此类技能的时候。

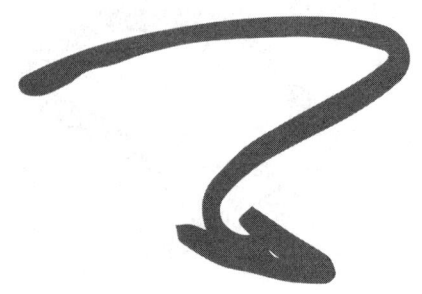

对 策

- 尽量简化过程。选择例如"井"字游戏的耗时短、结束得相对迅速的游戏或活动。

- 如果是与画画相关的活动,尝试着把有特殊教育需要的学生与一个年龄大些的学生分为一组,年长的学生可以起到模范、指导作用。在这种活动中,一个学生画些东西,然后另一个学生在前者的基础上继续画下去,交替轮流进行,直到画作完成。这是一个可以教轮流的具体方法。

- 把学生对简短游戏活动的掌握扩展到一些耗时长、复杂些的游戏活动中。

- 帮助学生整理他的工作区域。

- 让有特殊教育需要的学生教一些年纪小一些的学生如何在团体游戏或互动中轮流。通常，问题在这类情境中发生多是由于缺乏理解，而非冲动或以自我为中心。使用"我们把我们需要学习的东西教到最好"的理念，可以帮助学生发展对轮流规则的理解，也通过帮助年纪小的学生建立自信。

缺乏运动精神，输不起

很多有特殊教育需要的学生在参加有输赢的比赛活动时存在很大的困难。他们或掀翻棋盘，或把球踢飞，亦或参与骂人。这类学生最终可能会被孤立，进而逃避参加竞技类活动。他们的思维僵化且具体化，参赛时对比赛的结构意识会逐渐减少，完美主义或易焦虑。这样的思维方式常常造成他们一落后就退出比赛，输了比赛就发脾气，霸道和控制欲过度。

对　策

- 尝试让学生在班里参与团队比赛活动，强调"输赢乃常事"。

- 用具体例子来讲解良好运动品德的概念。有很多学生没办法理解如"做一个有良好运动品德的人"这样的抽象概念。

- 创造输掉比赛如何应对的练习机会，在没有不良行为时给予奖励。

- 不仅在学生输的时候，还要在他赢的时候教授运动品德的概念。这样，当他更乐意认真听、认真学的时候，才会有练习实践运动品德的可能。

- 当学生的同伴虽败犹荣时，给他们做点评并给予关注。有些时候，我们的学生没有办法换位思考，意识不到其他学生虽然输了但却能够很好地管理自己的失望情绪。

第四部分

转移时间

  我们所指的转移时间是一个学生或随班或单独从一个环境转移到另一个环境的时间。老师们都相信一个学生在教室外的行为也会对他的学习和成功有影响。本部分的内容着重讲解学生在校一天里的那些结构化程度较弱的转换时间。在这类时间里引发的行为会在接下来的课堂里延续。若能意识到此类情况并有所准备,那么,学生不良行为的发生能够减少到最低,且可以优化他们的学习。

排 队

在各种转换发生前排队是早在学前阶段就被教授的一种技巧,而排队又是时常发生的一件事。然而,有些学生尽管有无数机会去学,但还是没法掌握这个技巧。他们有可能在一开始的时候排了队,但是却不能保持站在队里。在队伍里,他们推、戳、挤别人,或者根本没法排到队里。这些情况发生的原因有很多:活跃的学生没办法长时间站在一个地方不动,有感觉刺激需要的学生没办法控制住自己的手、不乱碰乱摸,以及有些孩子没注意到要排队的信号。

对　策

- 不要让有特殊教育需要的学生等太久。让已站好队的那部分学生先离开教室，而不是让他们一直等到全班都排好队。

- 把重点放在能够有效地让学生正确排队上，而不是放在学生离开队伍的不当行为上。

- 给有特殊教育需要的学生指定一个站队位置。该学生有可能需要最后进队，这样不仅可以以可视化的形式向他强调大家正在排队，还可以减少他的等待时间。

- 让那些动个不停、无法很好控制身体的学生把着门，这样他就可以用身体和手做一个明确的任务。

掉队离群

本书反复提到的一个主题是当一个课堂的常规结构发生转变时,学生出现问题行为的可能性会增加。典型的例子就是从一节课过渡到另一节课中间的转移时间,这个时间段里问题行为会出现。有些学生常常无法一直跟着队伍,他们会走散了,打扰其他人。此类行为的发生源于他们没有办法应对转变与过渡。

对 策

- 当队伍在行进时,给学生一个特定的任务去做。他可以负责携带书本或其他会在目的地需要的材料。

- 让学生站在队伍的首尾,打头站时让他领队,在队尾时让他监督队伍是否整齐。

- 有可能的话,设置实物奖励机制。例如,若接下来是去图书馆,如果学生一直都跟着队伍,到图书馆就让他先选书。

- 行进时,尽量靠近学生。你与他的身体距离可以提醒他要跟着队伍。

- 围绕课间转移时候跟着队伍行进的重要性和安全问题写一个社交故事。

按时到达下节课

如前所述,有些学生在感统方面存在特殊需要或是易焦虑,这些都会令他们想要躲避人群。很多教室在开始一节课时会有多达三四十名学生蜂拥而入,这对于我们而言已经很拥挤了,对于那些易受刺激、承受能力弱的学生来说更是有过之而无不及了。

对　策

- 和有特殊教育需要的学生一起写有关在楼道里走动的社交故事，谈一谈他们该做些什么。这样可以帮助识别压力源，从而证实引起他们情绪反应的原因。

- 帮助有特殊教育需要的学生在校园里找到在转换上课地点时可用的、不怎么拥挤的行走路径或路线。和他们一起练习，走走这样的路径或路线，直到他们觉得比较放心为止。

- 理解有些学生需要更多时间转移。最好让他们早些或晚些离开教室，因为那样楼道不会那么拥挤。

- 调整一下学生迟到后通常会面临的后果。

如厕问题

卫生间既是远离喧闹教室或楼道的安全避风港,也可能是学生焦虑和逃避的来源。虽然有些学生将卫生间作为自己从感觉刺激过度里舒缓过来的工具,但他们也有可能是在逃避上课。一些问题行为包括长时间待在卫生间里,冲马桶时捂住耳朵,从卫生间隔间底下偷看其他学生,上厕所前脱衣服或是整天都拒绝上厕所。

对 策

- 当有特殊教育需要的学生在一天里多次要求去洗手间时，看看他是否生病了。学生有可能需要许可，比其他人多用几次卫生间。

- 制定一个策略和日程表识别学生是否是在有意或无意地通过上厕所逃避功课或其他不想做的事情。

- 帮助学生识别使用卫生间时的私密问题和社交规则。

- 允许有特殊教育需要的学生单独或在卫生间里人少时上厕所，这样可以有助于减少他们在视、听、触觉上受到的刺激。

- 让学生使用小一些的洗手间，如职工洗手间或护士站里的内置洗手间。

第五部分

午餐和加餐时间

由于师生比较低,在学校的午餐和加餐时间出现的很多问题易被忽视或缺少通报。本部分涉及这些时间段里学生们会出现的一些常见社交、运动和感统问题,并提供一些实用解决方案。

吃相邋遢

那些很快吃完但很邋遢或把食物弄到脸上、手上、衣服上的学生容易受到其他人的嘲笑。他们在使用餐具时手部控制能力较弱,不能控制咀嚼频率,囫囵吞食,或是因为没有感知到有食物而弄到了手上或脸上。

对　策

- 确保给有特殊教育需要的学生提供重一些的常规金属餐具，这些餐具对他们来说比塑料容易用，能够在感统上给学生更多回应，有助于发展他们吃饭时的手部动作技巧。

- 可以考虑给学生供应可抓取的食物，替代容易让他们吃得邋邋脏乱的食物，如意大利面。

- 用湿巾替代轻薄的纸巾，帮助学生在餐间和餐后可以更容易地擦手和擦脸。

- 建议学生用完午餐和吃完加餐后去一下洗手间，指导他照镜子，检查自己的脸部是否干净。

逃避多人用餐

吃东西在人类社会是一个社交活动。然而，一些学生会不习惯身处于一大堆的学生中，听到很多噪声，亦或闻到餐厅里的各种气味会受不了，变得焦虑、回避，想要赶紧吃完就走，甚至拒绝进餐厅吃饭。

对　策

- 允许有特殊教育需要的学生在其他有监管的地方吃东西,如办公室、资源教室、教室或不会带来过度感觉刺激的室外区域。

- 如果学生很快吃完但仍然得等班里其他人都吃完才能离开,给他布置一个任务或让他做一件事,帮助他打发时间。

- 让学生坐在靠近餐厅门口的位置,这里的气味和其他感觉刺激源会相对少些。

- 允许学生坐在餐厅边上,或是当其与同学坐成一排时,允许他坐在排尾。

- 多关注学生,鼓励他把食物吃完。

食堂用餐

对于有特殊教育需要的学生来说，在食堂里的取餐队伍里行进、付款、将食物装盘、找个位置坐下，然后使用各种不同的食物盛放器皿常常是冗长繁复的事，这让他们无法忍受。此外，他们中的很多人的运动计划能力弱，缺乏端盘和打开各种食物器皿的手部精细动作能力。这些问题会影响此类学生的情绪、社交和营养摄取。他们看起来焦虑、回避、受挫，和同龄人相比吃得不是很慢就是很快。

对 策

- 在排队取食时，允许学生第一个或最后一个取食。

- 帮助学生找一个固定位置坐。通常来说，让其坐在靠墙或靠中庭过道的桌子边有助于他端食物走动的时候避免拥挤，从而减少餐盘掉落。

- 给学生提供更坚固些的取餐盘（餐馆、餐厅里使用的类型），替代学校惯用的轻薄餐盘。

- 鼓励学生在打开食物器皿遇到困难时寻求帮助，例如，要打开袋装牛奶的时候。

第六部分

沟通策略

本书的最后章节着重强调与有特殊教育需要学生相关的团队成员进行频繁、开诚布公的沟通的重要性。如果全体团队成员对于该学生的需求和进展都了解的话,对他的课程进行调整将变得更加容易。在这样的沟通里,常常会发生的是,某个团队成员分享了通过实证也同样适用于其他人的解决策略。此外,这也可以确保大家对这些学生的期望在所有场合都保持一致。作为一个教育工作者,我们都知道沟通也是建立团队内部信任感和自信心的关键因素,而学生个案主管(case manager)则是沟通的中心。

开诚布公的沟通取决于我们客观报告学生成功与困难的能力。那些值得信赖的关系可以承受艰难时刻,因此,我们需要全面、清晰、简明的沟通信息。

请铭记，并不是所有有个别化教育计划的学生都需要大量的团队沟通。通常，个别化教育计划会议、定期的个别化教育计划评估时间和正常的沟通方式对于大部分有个别化教育计划的学生来说已经足够了。

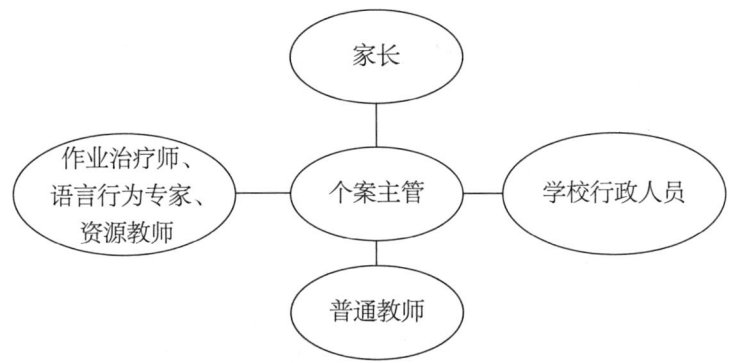

与个案主管的沟通策略

　　无论学生的教育环境为何,沟通需要由特殊教育个案主管开启或接收。虽然存在不同的沟通链(如学校行政人员、教师、家长、特教服务提供方),但是特殊教育个案主管应参与所有的沟通。这个听起来很复杂,而一些个案主管会在与各方保持联系的过程中遇到困难。

对 策

- 鼓励各方（即，学校行政人员、普教教师和特殊教育老师、家长、服务提供方）定期与个案主管联系，使之成为整个沟通链上的一环。例如，普通班级教师应当提出把特殊教育个案主管放进所有的沟通中，定期复印沟通记录表，定期与个案主管讨论该学生的进展。

- 各尽自己的沟通职责，以确保所有团队成员都能掌握有关该学生进展的最新信息。

- 每周抽出 30~60 分钟更新与团队成员的沟通内容。

与学校行政人员的沟通策略

沟通链里最被低估的是学校行政人员和家长之间的沟通。让学校领导直接参与一个学生的个别化教育计划会议是十分重要的！学校领导的作用也是其他任何人无法取代的。这样的沟通可以确保整个团队沟通的完整详尽与有效。

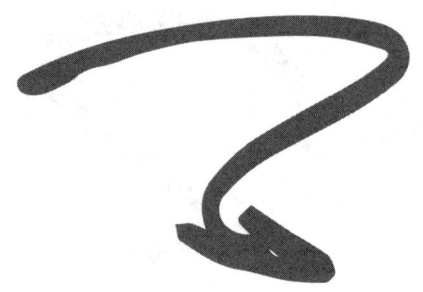

对　策

- 尽可能出席个别化教育计划会议，尤其是那些你知道会涉及问题行为的会议。作为学校领导，行政人员的出席可以向家长和老师们证明你们正在积极地改进学生的问题行为。

- 安排时间、保证参与度，秉持开放、无偏见的态度，给学生提供支持。这样的行事风格对有特殊教育需要的学生来说，正如对教职员工来说一样，同等重要。

- 考虑给家长一些额外的联系信息，如你的手机号，便于他们在定期会议时间之外的关键时刻可以联系你。

与普教教师的沟通策略

教育里最重要的合作是老师和家长之间的。两者之间的沟通常常可以左右那些有持续改善可能的行为以及那些会持续减少的行为。普通班级老师和特殊教育个案主管之间的沟通关键在于要持续、有效，但这并不代表需要经历一场文书噩梦或通一系列数不清的电话。

作为普通班级教师，你或许已与学校和学生家庭建立了一个沟通系统。你可能会发现某些有特殊教育需要的学生家长需要关于该学生一天学校生活更频繁、详尽的叙述。通常，这有助于家长鉴定他们正在校外使用的一些治疗策略是否有效，或是有助于他们发现问题所在。很多有特殊教育需要的学生不能表达或回忆学校当天发生的事情，因此可以设计和使用其他沟通模式。

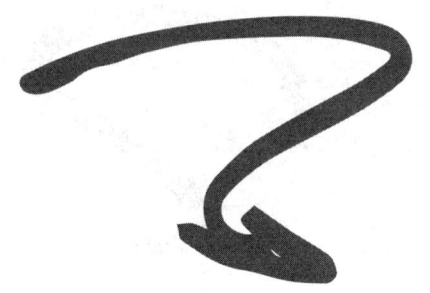

对 策

- 定期给学生带回家一些核对表,以其作为向家长有效传达信息的沟通方式,这样可以避免陷入书写冗长描述的泥淖。书后的附录 D 是一个此类核对表的例子。其中包含了学生在校一天的方方面面,如行为、参与度和学业进展。这个表在几分钟内就可以填写好,家长也可以在上面写回复,提出疑问或担忧。

- 如果学生年龄适合,可以让他一同参与,填写沟通记录的部分内容。这是可以让学生自我调适的有效方法。

- 偶尔致电家长。绝大多数家长很乐意做这样的沟通。如果你很勤快,从一开始就把这件事做起来,那么你很快就会与家长建立起信任感,有益于今后开展工作。

- 千万别等到出了问题才出手，在涉及与该学生有关的工作初期就开始与家长紧密合作。

- 定期搜集和使用其他服务提供方的记录信息（他们有言语治疗师、作业治疗师、行为专家等）。

- 设定准则，明确沟通应当开展的频率（每日或每周）、由谁（老师、助教或学生）负责主管与跟踪沟通。

- 就需要测评哪些具体行为及会使用哪种测评标准达成共识。

- 与家长商定主要关注的方面（写作业有困难，早上进展不顺等）并确定一个固定、持续的沟通方式（电邮、电话、沟通记录本等）。

与特定教学服务人员的沟通策略

　　一些有个别化教育计划的学生很可能一边接受你的帮助，一边也在接受特定教学服务，此外，还受到特殊教育个案管理。这里的特定教学服务是指言语语言治疗、作业治疗、行为干预服务等。让这些服务提供者参与定期的沟通很重要。时间上的冲突在将其付诸现实的过程中往往会是拦路虎，但正如我们之前表示的，在团队成员之间保持持续、客观的沟通常常可以节省后面的工作时间。

对　策

- 敲定一个时间，每周与个案主管和特定教学服务人员见面。面谈仅需 5~10 分钟，用来分享关于学生进展的信息，交流各自的成功与挑战。

- 使用学区邮箱①与其他团队成员和家长沟通，交流信息。

- 与团队成员沟通的时候，在态度与用语上注意保持客观、尊重的态度，尤其是针对有特殊教育需要的学生时。

---

① 译注：美国各州有不同的学区。

附录 A 视觉支持

视觉支持是指图片、书写文字、带图或简短文字说明的指令卡片，如威力卡（Power Cards）。此类支持涉及日程表、微型日程表、活动检核表、日历、选择板和图片辅助工具。具体使用取决于学生的需求和年龄。该策略可用于提供信息，设定行为准则，给指令，描绘可供的选择有哪些，帮助学生提前做准备，提供时间表或具体的期望内容，让学生在校的一天更具可预见性、结构化更强。它也有助于管理某个场地，如给物品和器皿贴标签。

解决方案

- 威力卡——孤独症孩子表现出的一个普遍特征是完全沉迷于某个特殊兴趣爱好中，如恐龙、纳斯卡赛车、马，亦或某个钟爱的电视剧或电脑游戏。威力卡是一种视觉辅助工具，它利用学生的特殊兴趣教授和强化适当的社交，这其中包括常规，行为准则和社交技巧。一张威力卡包含了一张索引卡或是一张小号纸，纸上写有简短的情景，其中描述了如何使用与该学生特殊兴趣爱好相关的某个图片解决问题。威力卡可帮助学生理解他或她的期待是什么，帮助阐明选择，教授某个特定行为及其与后果之间构成的因果关系，教授另一种视角，在概括能力中起辅助作用，或是在特定情境下对适当行为的社会期待起到视觉提示的作用。"它是个正面行为管理策略，常富趣味性，价格适中，制作简单。"（Autism Spectrum Institute at Illinois State University, 2011）

| 乔警官说："士兵，开始干活！" |  |

- 社交故事（Social Story™）——社交故事由卡罗尔·格雷（Carol Gray）创造，通过文字或故事来描述特定的社交情境。社交故事包含视觉提示，以孩子个体的功能水平为基础来编写，极具个体性，以便孩子可以对其被期许的行为进行反思。故事包括当事人是"谁"、发生了"什么"事、事发"时间"、事发"原因"和事发"过程"（Gray, 2000；Swaggart, 1995）。故事对社交准则或概念进行排序和解释，时而会伴有图解。

- 可视化日程表——书面或图片形式呈现出的时间表，用于管理和安排日常活动。可以是你写在黑板上的一个简单活动列表，亦或一个已塑封好的时间表，学生在校时可以随身携带。可以用常用办公软件（如 word、excel）制作时间表并将其塑封以便学生反复使用。使用剪贴画可以使时间表更加五颜六色，更易阅读。然而，有些学生可能无法意识到虽然时间表上会显示午餐盒图片，但这并不意味着你每天都需要自备午餐（其实，他们大可以购餐）。

可视化日程表实例：强尼的周一时间表

时间		活动	完成时打√
8:00a.m.-8:15a.m.		升国旗仪式，早晨活动，交作业	
8:15a.m.-10:00a.m.		阅读或语言文学	
10:00a.m.-10:15a.m.		课间休息	
10:15a.m.-11:15a.m.		数学	
11:15a.m.-12:00p.m.		午餐 + 午休	
12:00p.m.-12:45p.m.		数学	
12:45p.m.-1:00p.m.		课间休息	
1:00p.m.-1:30p.m.		图书馆	
1:30p.m.-2:15p.m.		社会研究	
2:15p.m.-2:30p.m.		收拾书包，独立阅读，放学	

附录 B 室内外运动休整法

运动休整法的结构化是根据学生能否安静坐着、认真听讲的能力积极安排其在校一天中的活动决定的。咨询所在学区的作业治疗师，就应用如下及其他有效策略寻求指导。

- 在桌边站直

- 分发作业/考卷

- 擦黑板

- 削铅笔

- 把材料收拾放好

- 整理、装订或给活页纸打孔

- 做静力练习，如握手练习，利用椅子、桌子或墙面做俯卧撑

- 使用可拿在手里的减压玩具

- 给老师跑个腿、办个事

- 帮家长做家务
- 接点水喝
- 出去走走
- 在成人监护下去操场遛遛

附录 C 口腔感统策略

许多教师和学校行政管理人员没有意识到使用口腔策略对于那些无法安静坐着听课的学生来说很管用。口部是人体的一个重要协调部位（回想一下婴儿通过吮吸得到安抚而大人会嚼口香糖或口含薄荷糖）。我们使用口腔帮助自己获得且保持平静、警觉与专注。尽管学校可能有规定禁止在教室里吃东西，但是经验告诉我们灵活实施规定有利于让学生变得更加平和安静与专注。不妨在教室里尝试如下一些策略。

- 吸管

- 水瓶

- 硬糖（如 Jolly Rancher 糖）

- 耐嚼食物，如牛肉干、特希巧克力卷和甘草糖

- 酥脆食物，如爆米花、薯片和燕麦片

- 口香糖（如 Bazooka 泡泡糖）

以上例举的口腔辅助可在活动进行中使用。你也可以请家长准备此类辅助食物，用其作为学生的零食或午饭，给学生带到学校。

附录 D　家校沟通记录样本

山姆的一天

日期：_____

家长留言：_____

	听从了指令	参与了课堂活动	持续专注完成了功课	过渡时间
圆圈时间				
语言文学				
阅读				
课间休息				
数学				
午饭				
社会研究				
科学				

今天我还上了：

____体育　　　　　　____图书馆　　　　　　____计算机
____美术　　　　　　____音乐　　　　　　　____言语治疗
____作业治疗　　　　____资源教室

其他特殊活动：_____

教师评语：
_____
_____

家长评语：
_____
_____
_____

相关资源

《孤独症育儿百科：1001个教学养育妙招（第2版）》，[美]埃伦·诺特波姆（Ellen Notbohm）、[美]韦罗妮卡·齐斯卡（Veronica Zysk）著，华夏出版社，2021.7

《我的孤独症朋友》，[美]贝弗莉·毕晓普（Beverly Bishop）、[美]克雷格·毕晓普（Craig Bishop）著，华夏出版社，2017.1

《社交故事新编（十周年增订纪念版）：教会孤独症谱系障碍儿童日常社会技能的158个社交故事》，[美]卡罗尔·格雷（Carol Gray）著，华夏出版社，2015.11

《孤独症孩子希望你知道的十件事（第3版）》，[美]埃伦·诺特波姆（Ellen Notbohm）著，华夏出版社，2021.7

作者简介

贝丝·奥纳（Beth Aune, OTR/L）注册作业治疗师，是美国加利福尼亚棕榈沙漠市（Palm Desert）沙之洲儿童治疗中心（Desert Occupational Teherapy for Kids）负责人。

贝丝热爱自己的职业，有强烈的职业使命感，她和她的团队一直致力于帮助特殊孩子发掘他们的潜能，提高日常生活自理能力，同时非常重视帮助孩子发展与父母、养育者和老师之间的关系。

贝丝和她的团队以专业的知识、负责的态度，为孤独症谱系障碍、感觉加工障碍、发育迟缓、喂养障碍、唐氏综合征、脑瘫等确诊及疑似儿童提供评估和康复治疗服务，该治疗中心还可以为儿童提供家庭康复治疗和入校教育支援服务。

贝丝还与他人合著了《融合教室问题行为解决手册》和《融合学校问题行为解决手册》两本书。她在美国各地都进行过演讲，为教师和家长提供了实用的解决方案，帮助他们理解孩子们的感觉加工障碍，面对学校和家庭面临的挑战。

贝丝·伯特（Beth Burt），现居美国南加利福尼亚（Southern Cali-fornia），和丈夫、两个儿子、两只猫和一条狗一起生活。她的儿子，一个有孤独症（ASD），一个有学习障碍，如此经历使她成为一名特殊需要儿童权利倡导者。她致力于代表孤独症学生以及有其他障碍的学生争取权利，至今已超过 13 年。她积极参与无数与儿童、残障和教育相关的工作小组和委员会，足迹遍布南加利福尼亚各个大学、各种大会、家长组织以及企业单位。目前，她是内陆帝国孤独症协会（Inland Empire Autism Society）会长，同时也是加利福尼亚孤独症协会（Autism Society California）和愿景职业规划机构（Visions R Us）董事会成员。这是一个非营利性组织，致力于帮助有特殊需要的青年找到理想的工作，完成从高中向社会的过渡。

彼得·热纳罗（Peter Gennaro），现任美国南加州阿尔沃德联合学区（Alvord Unified School District）特殊教育主任。此前曾担任特殊教育协调员以及教育计划与融合专家。他曾作为一名教师，给有情绪障碍的学生上过课，也曾在特殊教育学校给不同障碍类型的学生上过课。作为特殊教育主任，他继续保持着与教师、特殊教育服务者以及学生家庭的密切合作，共同致力于开发、应用有效的特殊教育计划。